AF194262

школа - 学校   2
путовање - 旅行   5
транспорт - 交通运输   8
град - 城市   10
пејсаж - 地形   14
ресторан - 餐馆   17
супермаркет - 超市   20
напитци - 饮料   22
јело - 食物   23
сеоско газдинство - 农场   27
кућа - 房子   31
дневна соба - 客厅   33
кухиња - 厨房   35
купаоница - 浴室   38
дечија соба - 儿童房   42
одећа - 衣服   44
канцеларија - 办公室   49
економија - 经济   51
занимања - 职业   53
алати - 工具   56
музички инструмент - 乐器   57
зоолошки врт - 动物园   59
спорт - 体育   62
активности - 活动   63
породица - 家   67
тело - 身体   68
болница - 医院   72
хитни случај - 紧急情况   76
земља - 地球   77
сат - 钟表   79
седмица - 周   80
година - 年   81
облици - 形状   83
боје - 颜色   84
супротности - 反义词   85
бројеви - 数字   88
језици - 语言   90
ко / шта / како - 谁/什么/怎样   91
где - 方位   92

Impressum
Verlag: BABADADA GmbH, Nedderfeld 112 , 22529 Hamburg
Geschäftsführer / Verlagsleitung: Harald Hof
Druck: Books on Demand GmbH, In de Tarpen 42, 22848 Norderstedt

Imprint
Publisher: BABADADA GmbH, Nedderfeld 112 , 22529 Hamburg, Germany
Managing Director / Publishing direction: Harald Hof
Print: Books on Demand GmbH, In de Tarpen 42, 22848 Norderstedt, Germany

школа

学校

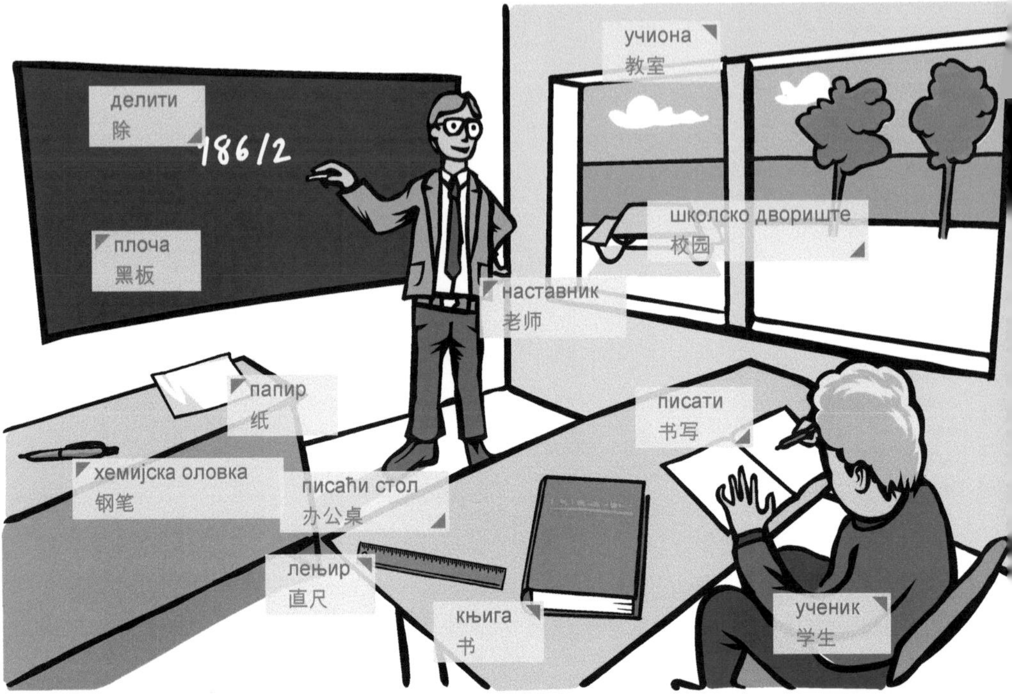

учиона
教室
делити
除
186/2
плоча
黑板
школско двориште
校园
наставник
老师
папир
纸
писати
书写
хемијска оловка
钢笔
писаћи стол
办公桌
лењир
直尺
књига
书
ученик
学生

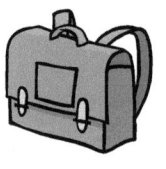

торба

书包

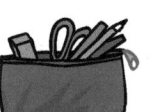

перница

铅笔盒

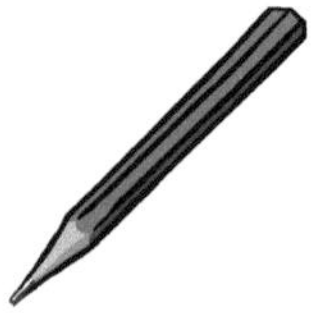

графитна оловка

铅笔

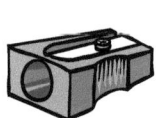

шиљило за оловке

卷笔刀

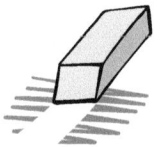

гумица за брисање

橡皮擦

блок за цртање

画板

цртеж

图画

кист

画笔

кутија са бојама

颜料盒

маказе

剪刀

лепило

胶水

бележница

练习册

домаћи задатак

家庭作业

број

数字

сабирати

加

одузимати

减

множити

乘

рачунати

计算

слово

字母

абецеда

字母表

реч

字

текст

课文

читати

读

креда

粉笔

час

上课

дневник

登记

испит

考试

сведочанство

证书

школска униформа

校服

образовање

教育

лексикон

百科全书

универзитет

大学

микроскоп

显微镜

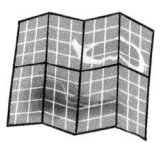

карта

地图

кошара за папир

废纸筐

путовање
旅行

хотел
酒店
Grand
преноћиште
青年旅社
ROOMS
мењачница
外币兑换处
кофер
手提箱
ауто
汽车

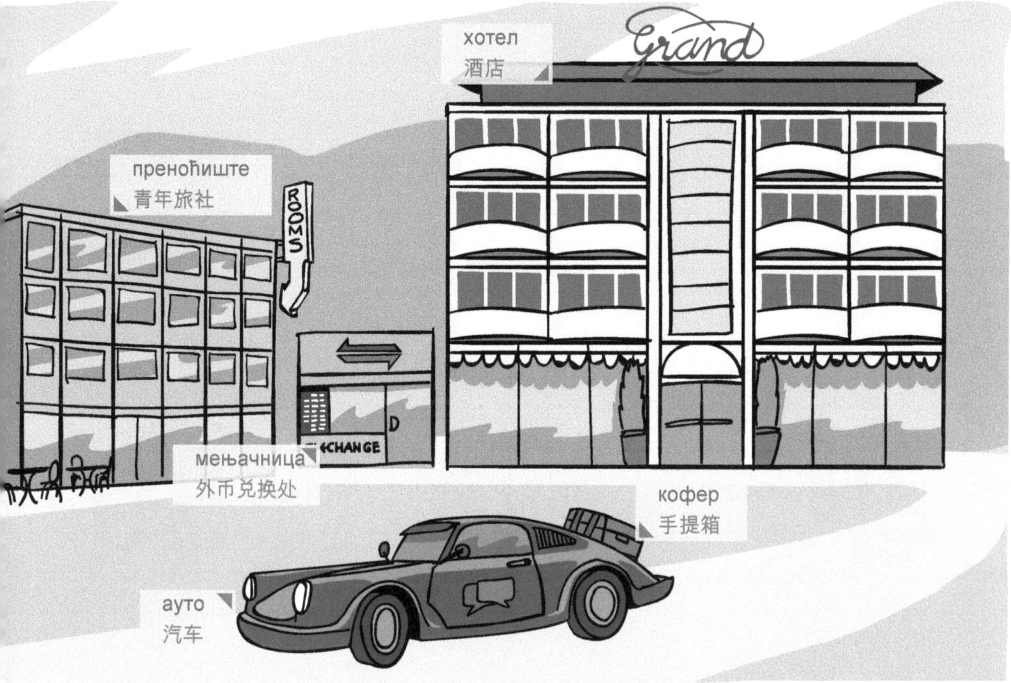

језик

语言

да / не

是/否

океј

好的

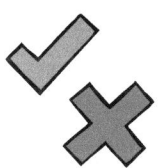

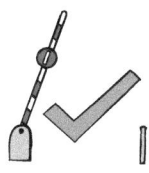

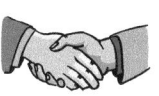

здраво

您好

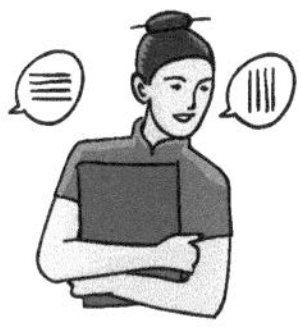

преводилац

翻译员

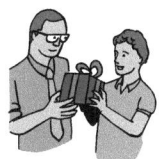

хвала

谢谢

Колико кошта...?

......多少钱？

не разумем

我不明白

проблем

问题

добро вече!

晚上好！

Добро јутро!

早上好！

Лаку ноћ!

晚安！

довиђења

再见

смер

方向

пртљага

行李

торба

包

руксак

双肩包

гост

客人

соба

房间

вређа за спавање

睡袋

шатор

帐篷

туристичке информације

旅游信息

плажа

海滩

кредитна картица

信用卡

доручак

早餐

ручак

午餐

вечера

晚餐

карта за вожњу

票

лифт

电梯

поштанска маркица

邮票

граница

边界

царина

海关

амбасада

大使馆

виза

签证

пасош

护照

транспорт

交通运输

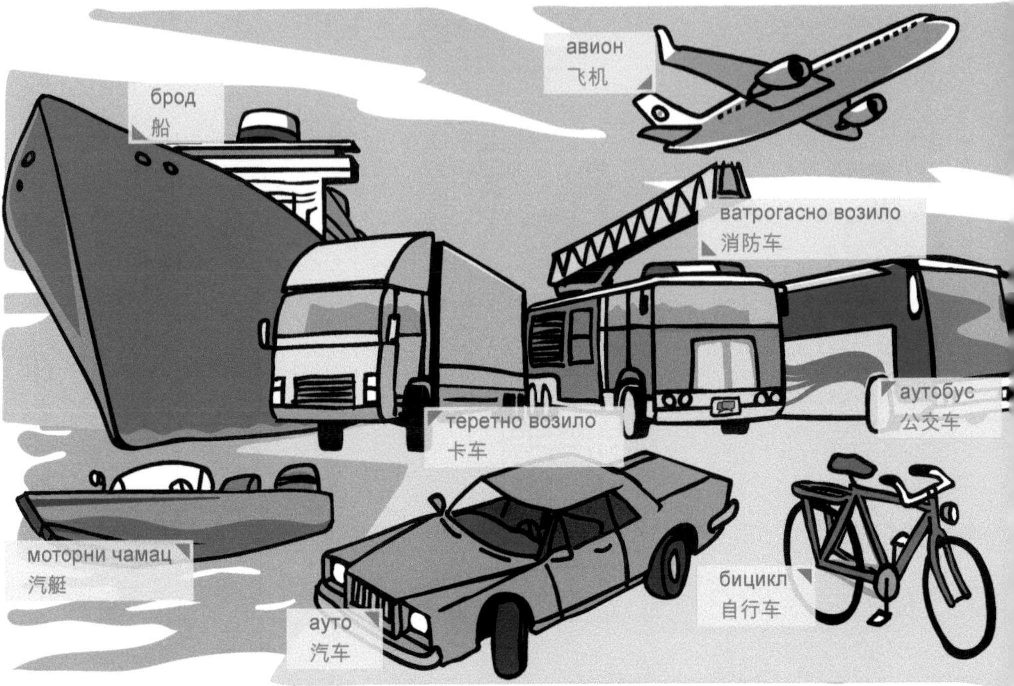
авион
飞机
брод
船
ватрогасно возило
消防车
аутобус
公交车
теретно возило
卡车
моторни чамац
汽艇
бицикл
自行车
ауто
汽车

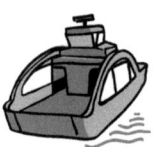

трајект

摆渡船

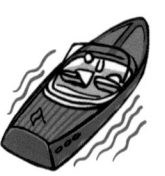

чамац

小船

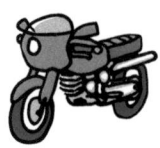

мотоцикл

摩托车

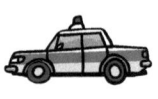

полицијски ауто

警车

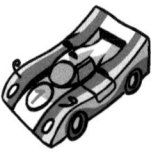

тркаћи ауто

赛车

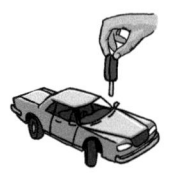

изнајмљено ауто

租车

дељење аутомобила

拼车

вучно возило

拖车

возило за одвоз смећа

垃圾车

мотор

发动机

бензин

汽油

бензинска станица

加油站

саобраћајни знак

交通标志

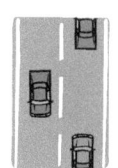

саобраћај

交通

застој

交通堵塞

паркиралиште

停车场

железничка станица

火车站

шине

轨道

воз

火车

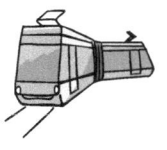

трамвај

电车

вагон

货车

хеликоптер

直升机

аеродром

机场

кула

塔

путник

乘客

контејнер

集装箱

картон

纸板箱

колица

手推车

корпа

篮子

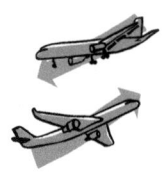

узлетети / слетети

起飞/降落

град
城市

село

村庄

центар града

市中心

кућа

房子

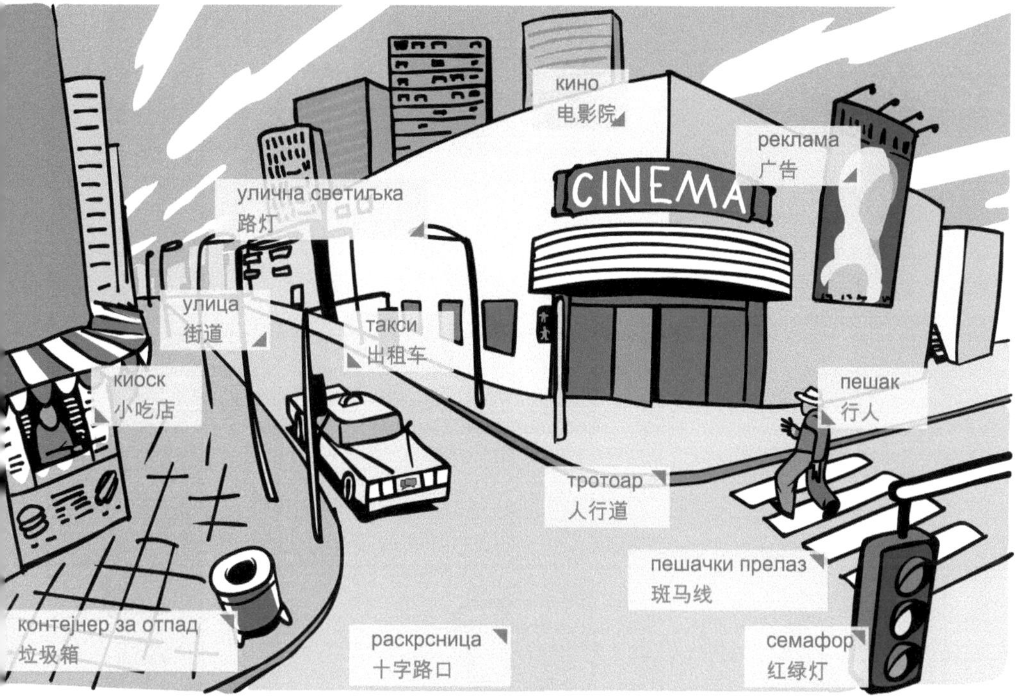

CINEMA
кино
电影院
реклама
广告
улична светиљка
路灯
улица
街道
такси
出租车
киоск
小吃店
пешак
行人
тротоар
人行道
пешачки прелаз
斑马线
контејнер за отпад
垃圾箱
раскрсница
十字路口
семафор
红绿灯

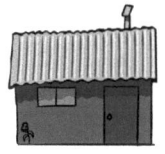

колиба

小屋

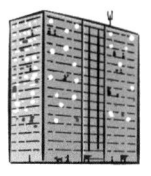

стан

公寓

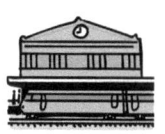

железничка станица

火车站

већница

市政厅

MUSEUM

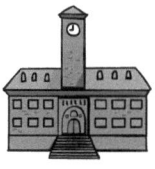

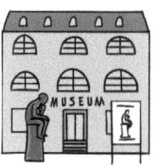

музеј

博物馆

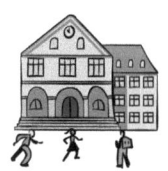

школа

学校

универзитет

大学

банка

银行

болница

医院

хотел

酒店

апотека

药房

канцеларија

办公室

књижара

书店

продавница

商店

цвећара

花店

супермаркет

超市

трг

市场

робна кућа

百货商店

рибарница

鱼店

трговачки центар

购物中心

лука

海港

парк

公园

клупа

长凳

мост

桥

степенице

楼梯

подземна железница

地铁

тунел

隧道

аутобуска станица

公交车站

бар

酒吧

ресторан

餐馆

поштанско сандуче

邮筒

улични знак

路标

паркирни аутомат

停车计时器

зоолошки врт

动物园

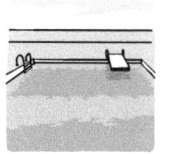

базен

游泳馆

џамија

清真寺

сеоско газдинство
农场

загађење околине
污染

гробље
墓地

црква
教堂

игралиште
操场

храм
寺庙

пејсаж
地形

лист
树叶

путоказ
指示牌

пут
路

ливада
草地

камен
石头

дрво
树

шетач
徒步旅行者

река
河

трава
草

цвет
花

долина

峡谷

планина

山

језеро

湖

шума

森林

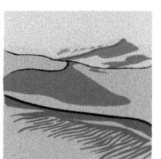

пустиња

沙漠

вулкан

火山

дворац

城堡

дуга

彩虹

гљива

蘑菇

палма

棕榈树

москито

蚊子

мува

苍蝇

мрав

蚂蚁

пчела

蜜蜂

паук

蜘蛛

буба

甲虫

жаба

青蛙

веверица

松鼠

јеж

刺猬

зец

野兔

сова

猫头鹰

птица

鸟

лабуд

天鹅

дивља свиња

野猪

јелен

鹿

лос

麋鹿

насип

水坝

ветрењача

风力发电机

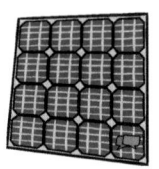

соларна плоча

太阳能电池板

клима

气候

ресторан

餐馆

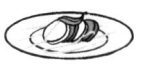

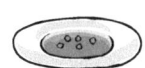

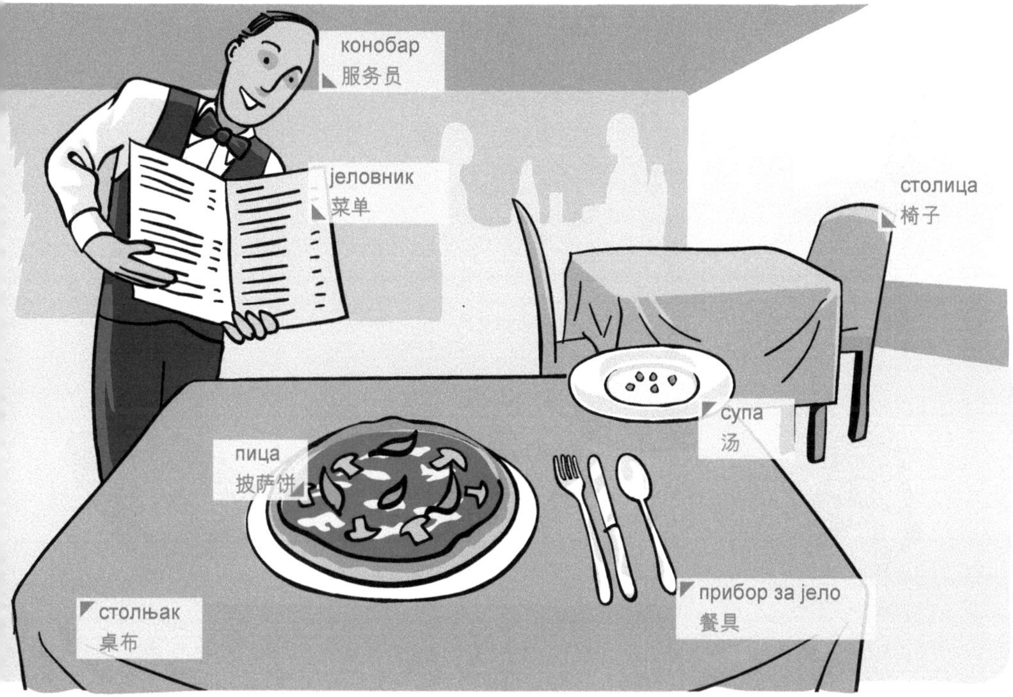

конобар
服务员
јеловник
菜单
столица
椅子
супа
汤
пица
披萨饼
прибор за јело
餐具
столњак
桌布

предјело
前菜

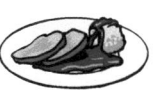

главно јело
主菜

десерт
甜点

напитци
饮料

јело
食物

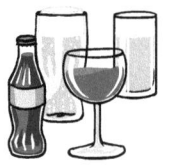

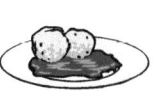

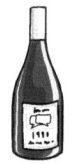

флаша
瓶子

брза храна

快餐

имбис храна

街边小吃

чајник

茶壶

доза за шећер

糖盒

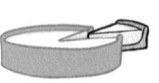

порција

一份饭菜

апарат за еспресо

意式咖啡机

висока столица

高脚椅

рачун

账单

послужавник

托盘

нож

刀

виљушка

餐叉

кашика

勺子

чајна кашика

茶匙

салвета

餐巾

чаша

玻璃杯

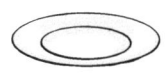

тањир

碟子

тањир за супу

汤盘

тањирић

碟子

сос

酱

сољенка

盐瓶

млин за бибер

胡椒磨

сирће

醋

уље

食用油

зачини

调味料

кечап

番茄酱

сенф

芥末

мајонеза

蛋黄酱

супермаркет

超市

понуда
特价
FOR
купац
顾客
млечни производи
乳制品
воће
水果
колица за куповину
购物车

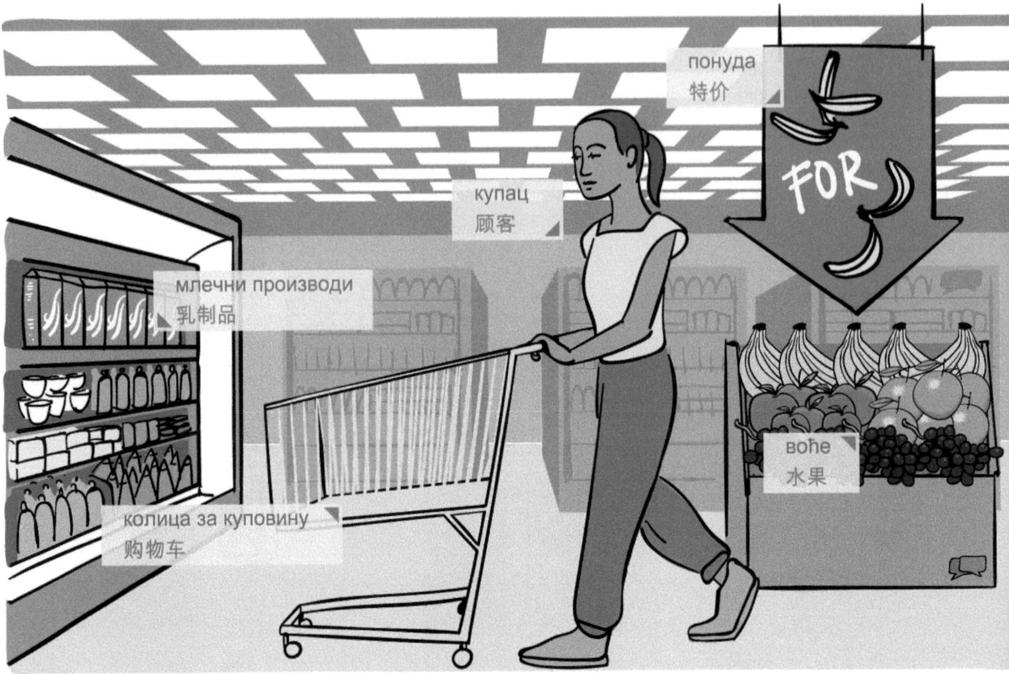

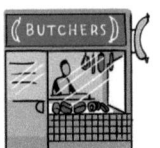

BUTCHERS

месница

肉铺

BAKERY

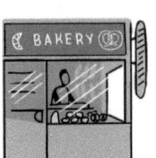

пекара

面包房

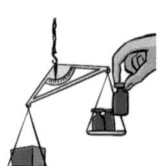

вагати

称重

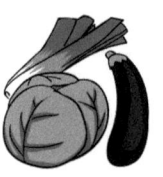

поврће

蔬菜

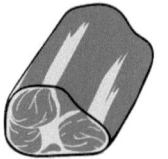

месо

肉

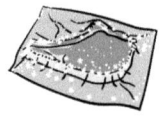

смрзнута храна

冷冻食品

нарезак

冷盘

конзерве

罐头食品

средство за прање

洗衣粉

слаткиши

甜食

артикли за домаћинство

日用品

средства за чишћење

清洁用品

продавачица

销售员

благајна

收银机

благајник

收银员

листа за куповину

购物清单

време рада

开放时间

новчаник

钱包

кредитна картица

信用卡

торба

袋子

пластична кеса

塑料袋

вода

水

сок

果汁

млеко

牛奶

кола

可乐

вино

红酒

пиво

啤酒

алкохол

酒

какао

可可

чај

茶

кава

咖啡

еспресо

意式浓缩咖啡

капучино

卡布奇诺

банана

香蕉

јабука

苹果

наранџа

橙子

лубеница

西瓜

лимун

柠檬

шаргарепа

胡萝卜

бели лук

大蒜

бамбус

竹子

лук

洋葱

гљива

蘑菇

орашасти плодови

坚果

резанци

面条

шпагете

意大利面条

рижа

米饭

салата

沙拉

помфрит

薯条

печени крумпир

炸土豆

пица

披萨饼

хамбургер

汉堡包

сендвич

三明治

шницла

炸猪排

шунка

火腿

салама

萨拉米

кобасица

香肠

кокош

鸡肉

печење

烤肉

риба

鱼

зобене пахуљице

燕麦片

мусли

穆兹利

кукурузне пахуљице

玉米片

брашно

面粉

кроасан

羊角面包

пециво

面包卷

хлеб

面包

тоаст

烤面包

кекси

饼干

маслац

黄油

свежи сир

凝乳

колач

蛋糕

jaje

蛋

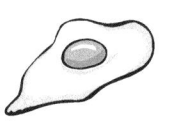

jaje на око

煎蛋

сир

奶酪

сладолед

冰激凌

шећер

糖

мед

蜂蜜

мармелада

果酱

нугат крема

巧克力酱

кари

咖喱饭

сеоско газдинство

农场

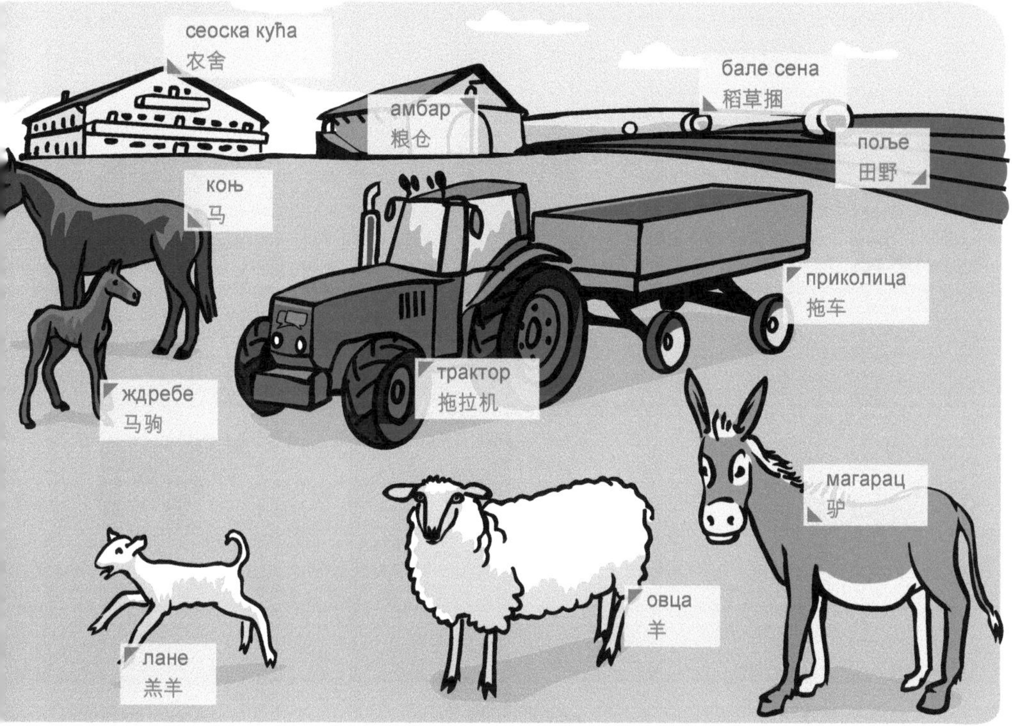
сеоска кућа
农舍
амбар
粮仓
бале сена
稻草捆
поље
田野
коњ
马
приколица
拖车
трактор
拖拉机
ждребе
马驹
магарац
驴
овца
羊
лане
羔羊

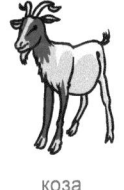

коза

山羊

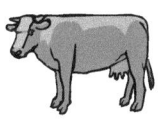

крава

奶牛

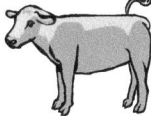

теле

牛犊

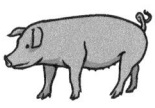

свиња

猪

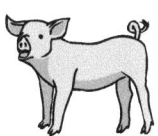

прасе

小猪

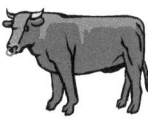

бик

公牛

гуска

鹅

патка

鸭

пилићи

小鸡

кокош

母鸡

петао

公鸡

пацов

鼠

мачка

猫

миш

老鼠

вол

牛

пас

狗

кућица за пса

狗屋

вртно црево

花园浇水软管

канта за поливање

洒水壶

коса

长柄大镰刀

плуг

犁

срп

镰刀

мотика

锄头

виљушка за ђубриво

长柄草耙

секира

斧头

тачке

独轮手推车

корито

饲料槽

посуда за млеко

牛奶罐

врећа

麻布袋

ограда

栅栏

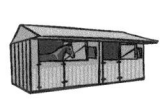

штала

马厩

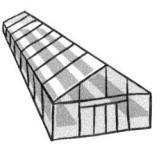

стакленик

温室

земља

土壤

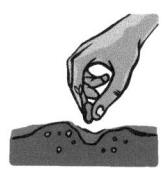

семе

种子

ђубриво

肥料

комбајн

联合收割机

жети

收割

жетва

收割

jaмс зачин

山药

пшеница

小麦

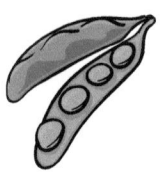

соja

大豆

крумпир

土豆

кукуруз

玉米

уљана репица

油菜籽

воћка

果树

гомољ маниоке

树薯

житарице

谷物

кућа
房子

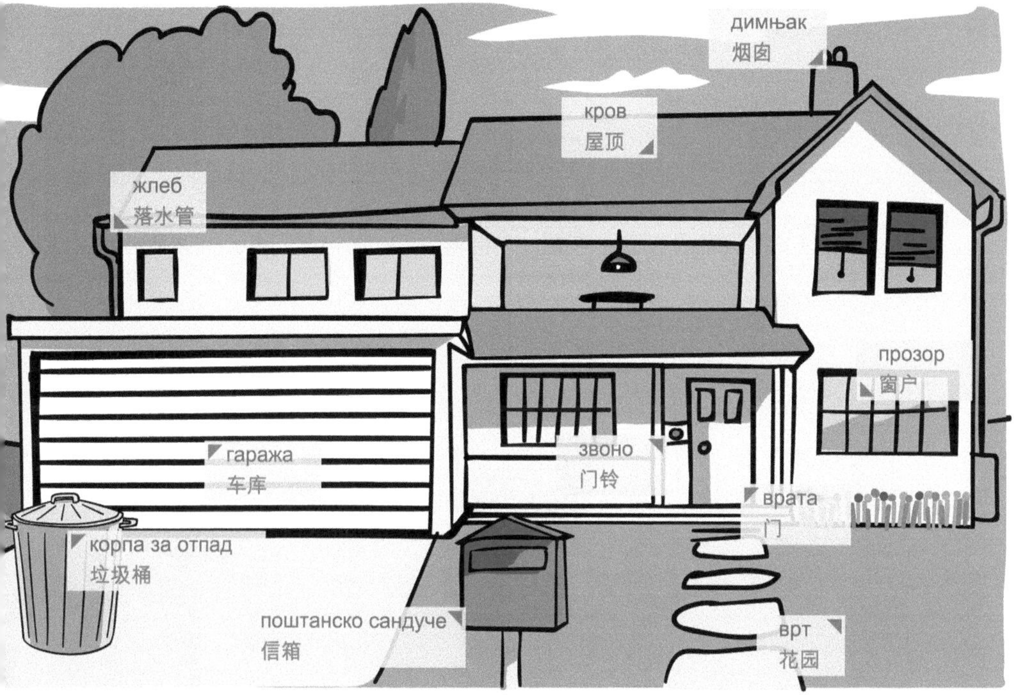
димњак
烟囱
кров
屋顶
жлеб
落水管
прозор
窗户
гаража
车库
звоно
门铃
врата
门
корпа за отпад
垃圾桶
поштанско сандуче
信箱
врт
花园

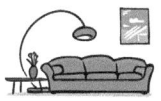

дневна соба

客厅

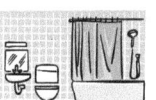

купаоница

浴室

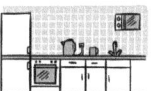

кухиња

厨房

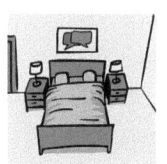

спаваћа соба

卧室

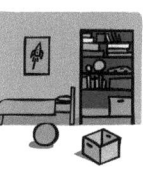

дечија соба

儿童房

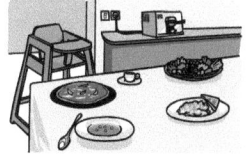

трпезарија

餐厅

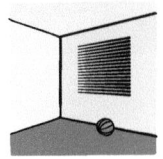

под

地板

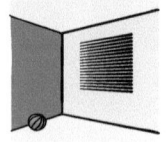

зид

墙壁

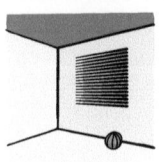

строп

吊顶

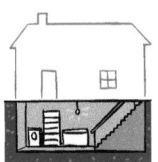

подрум

地窖

сауна

桑拿

балкон

阳台

тераса

露台

базен

游泳池

косилица за траву

割草机

постељина за кревет

被单

дека за кревет

床罩

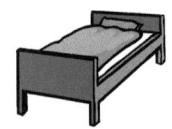

кревет

床

метла

扫帚

канта

水桶

прекидач

开关

дневна соба

客厅

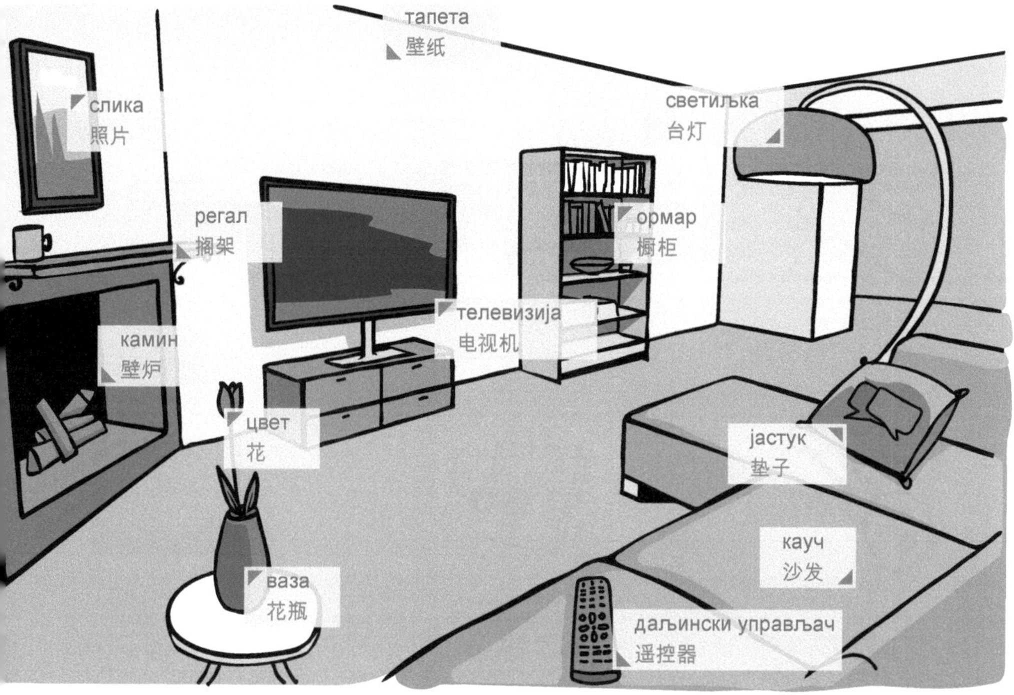

тапета
壁纸
слика
照片
светиљка
台灯
регал
搁架
ормар
橱柜
телевизија
电视机
камин
壁炉
цвет
花
јастук
垫子
кауч
沙发
ваза
花瓶
даљински управљач
遥控器

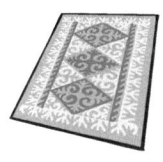

тепих

地毯

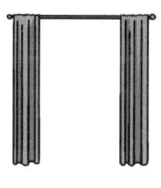

завеса

窗帘

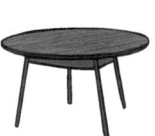

сто

餐桌

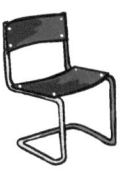

столица

椅子

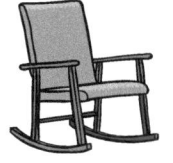

столица за њихање

摇椅

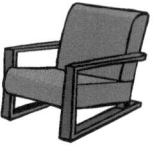

фотеља

扶手椅

књига

书

дека

毯子

декорација

装饰品

дрво за огрев

木柴

филм

电影

хи-фи уређај

高保真音响

кључ

钥匙

новине

报纸

слика на платну

油画

постер

海报

радио

收音机

блок за писање

笔记本

усисивач

吸尘器

кактус

仙人掌

свећа

蜡烛

кухиња
厨房

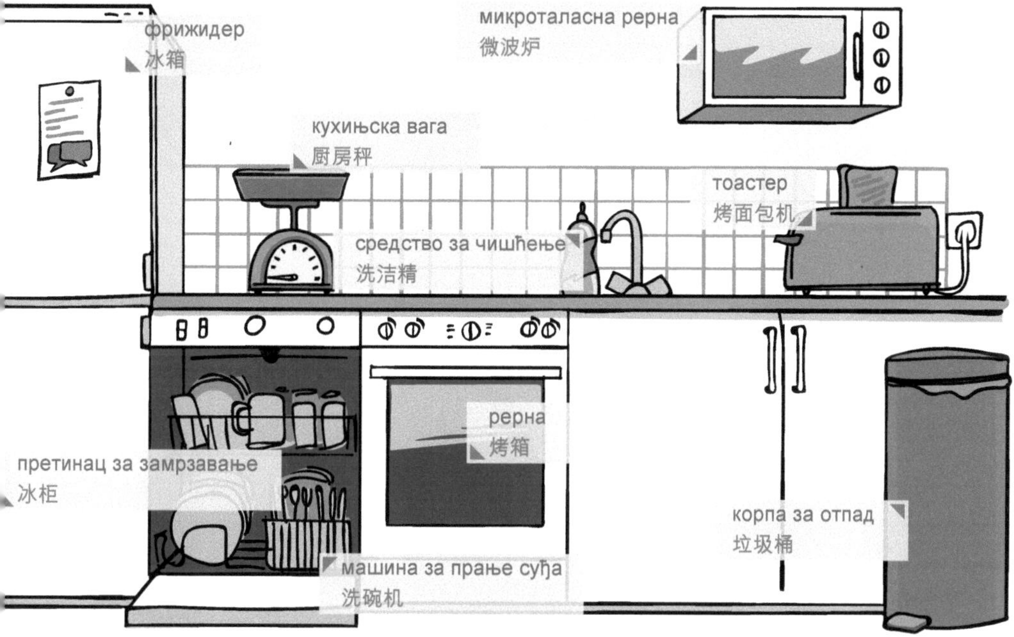
фрижидер
冰箱
микроталасна рерна
微波炉
кухињска вага
厨房秤
тоастер
烤面包机
средство за чишћење
洗洁精
рерна
烤箱
претинац за замрзавање
冰柜
корпа за отпад
垃圾桶
машина за прање суђа
洗碗机

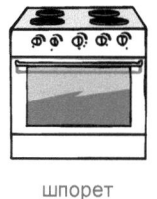

шпорет

炊具

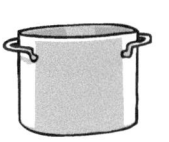

лонац

锅

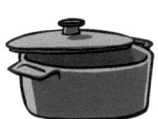

гвоздени лонац

铸铁锅

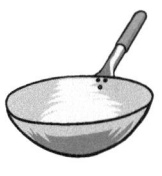

вок / кадаи

炒锅

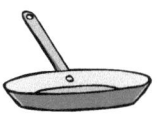

тава

平底锅

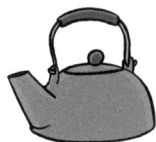

кувало за воду

水壶

кувало на пару

蒸锅

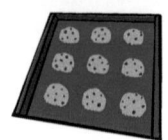

лим за печење

烤盘

посуђе

陶瓷锅

чаша

马克杯

посуда

碗

штапићи за јело

筷子

кутлача

长柄勺

лопатица

铲子

пењача

搅拌器

сито за кување

滤网

сито

筛子

рибеж

磨碎机

мужар

研钵

роштиљ

烧烤

огњиште

明火

даска

菜板

оклагија

擀面杖

вадичеп

开瓶器

конзерва

罐子

отварач конзерви

开罐器

крпа за лонац

隔热手套

судопер

水槽

четка

刷子

сунђер

海绵

миксер

搅拌机

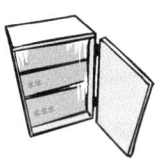

замрзивач

冷藏箱

флашица за бебе

奶瓶

славина за воду

水龙头

купаоница

浴室

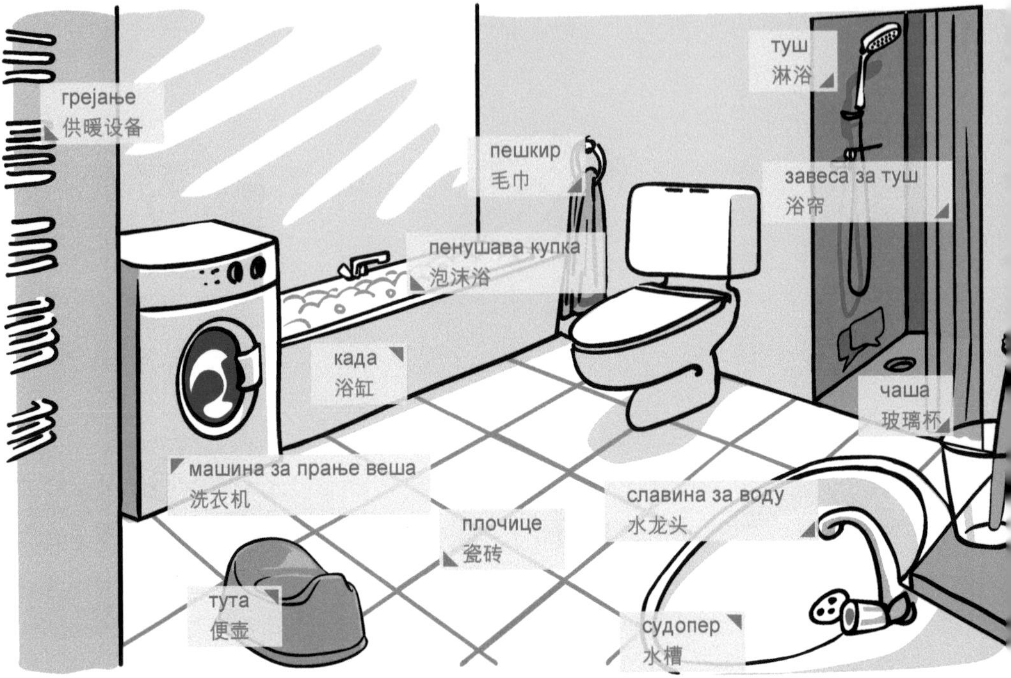
туш
淋浴
грејање
供暖设备
пешкир
毛巾
завеса за туш
浴帘
пенушава купка
泡沫浴
када
浴缸
чаша
玻璃杯
машина за прање веша
洗衣机
славина за воду
水龙头
плочице
瓷砖
тута
便壶
судопер
水槽

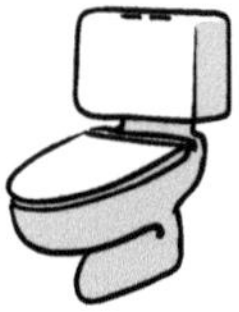

тоалет

厕所

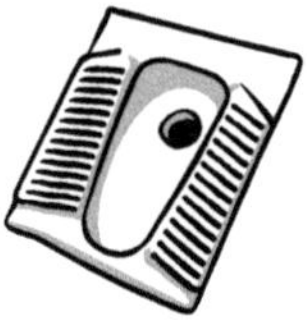

чучавац

蹲便器

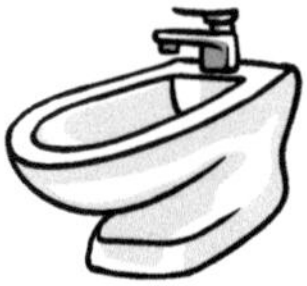

бидет

坐浴器

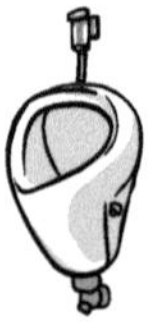

писоар

小便池

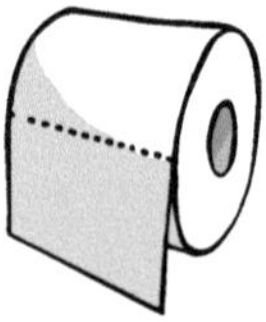

тоалетни папир

厕纸

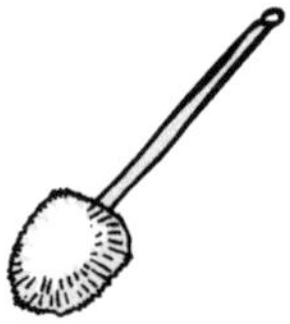

четка за тоалет

马桶刷

четкица за зубе

牙刷

паста за зубе

牙膏

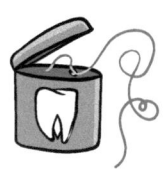

конац за зубе

牙线

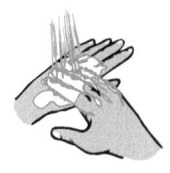

прати

洗

туш ручица

手持式喷淋头

туш за прање интимних делова

冲洗器

лавор

洗脸盆

четка за прање леђа

擦背刷

сапун

肥皂

гел за туширање

沐浴露

шампон

洗发水

крпа за прање

法兰绒

одвод

排水

крема

乳霜

дезодоранс

除臭剂

огледало

镜子

козметичко огледало

手镜

бријач

剃须刀

пена за бријање

剃须泡沫

лосион за после бријања

须后水

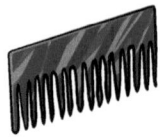

чешаљ

梳子

четка

刷子

фен за косу

吹风机

спреј за косу

喷发定型剂

шминка

化妆品

руж за усне

唇膏

лак за нокте

指甲油

вата

化妆棉

маказе за нокте

指甲剪

парфем

香水

козметичка торбица

洗漱包

столица

凳子

вага

计重秤

огртач

浴袍

рукавице за чишћење

橡胶手套

тампон

卫生棉条

уложак

卫生巾

хемијски тоалет

化学厕所

дечија соба

儿童房

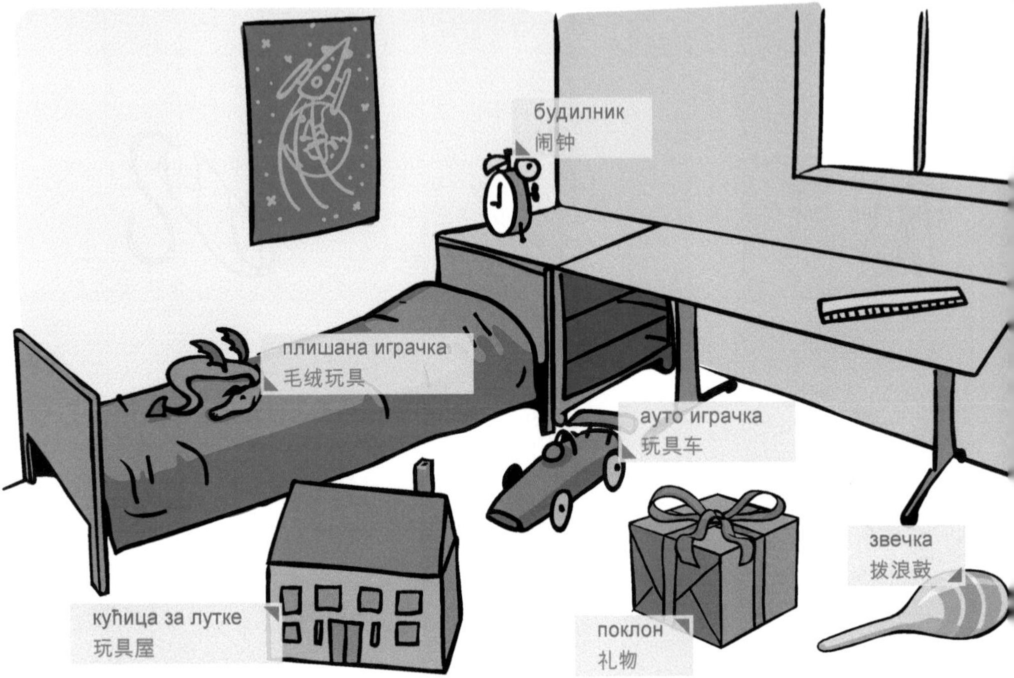

будилник
闹钟
плишана играчка
毛绒玩具
ауто играчка
玩具车
звечка
拨浪鼓
кућица за лутке
玩具屋
поклон
礼物

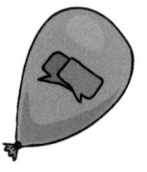

балон

气球

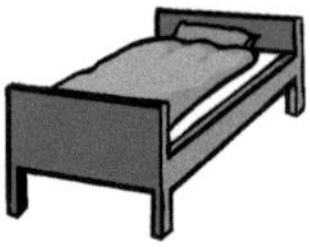

кревет

床

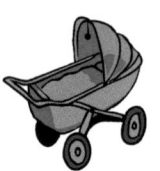

дјечија колица

（洋娃娃用）婴儿车

игра са картама

扑克牌

слагалица

拼图

SUPER MEGA

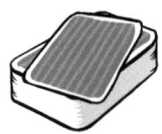

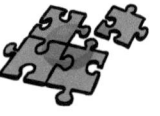

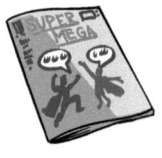

стрип

漫画

лего коцкице

乐高积木

коцкице за слагање

积木玩具

акциони јунак

玩具人

бенкица за бебе

婴儿服

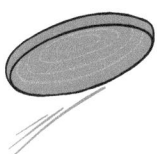

фризби

飞盘

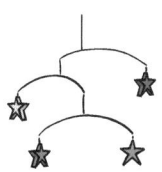

висеће играчке

床铃玩具

друштвене игре

棋盘游戏

коцка

骰子

минијатурна жељезница

火车模型

дуда

安抚奶嘴

забава

聚会

сликовница

绘本

лопта

球

лутка

洋娃娃

играти

玩

пешчаник

沙坑

љуљачка

秋千

играчка

玩具

конзола за игре

游戏机

трицикл

三轮车

теди

泰迪熊

ормар

衣柜

одећа

衣服

кратке чарапе

袜子

чарапе

长袜

хулахопке

紧身裤

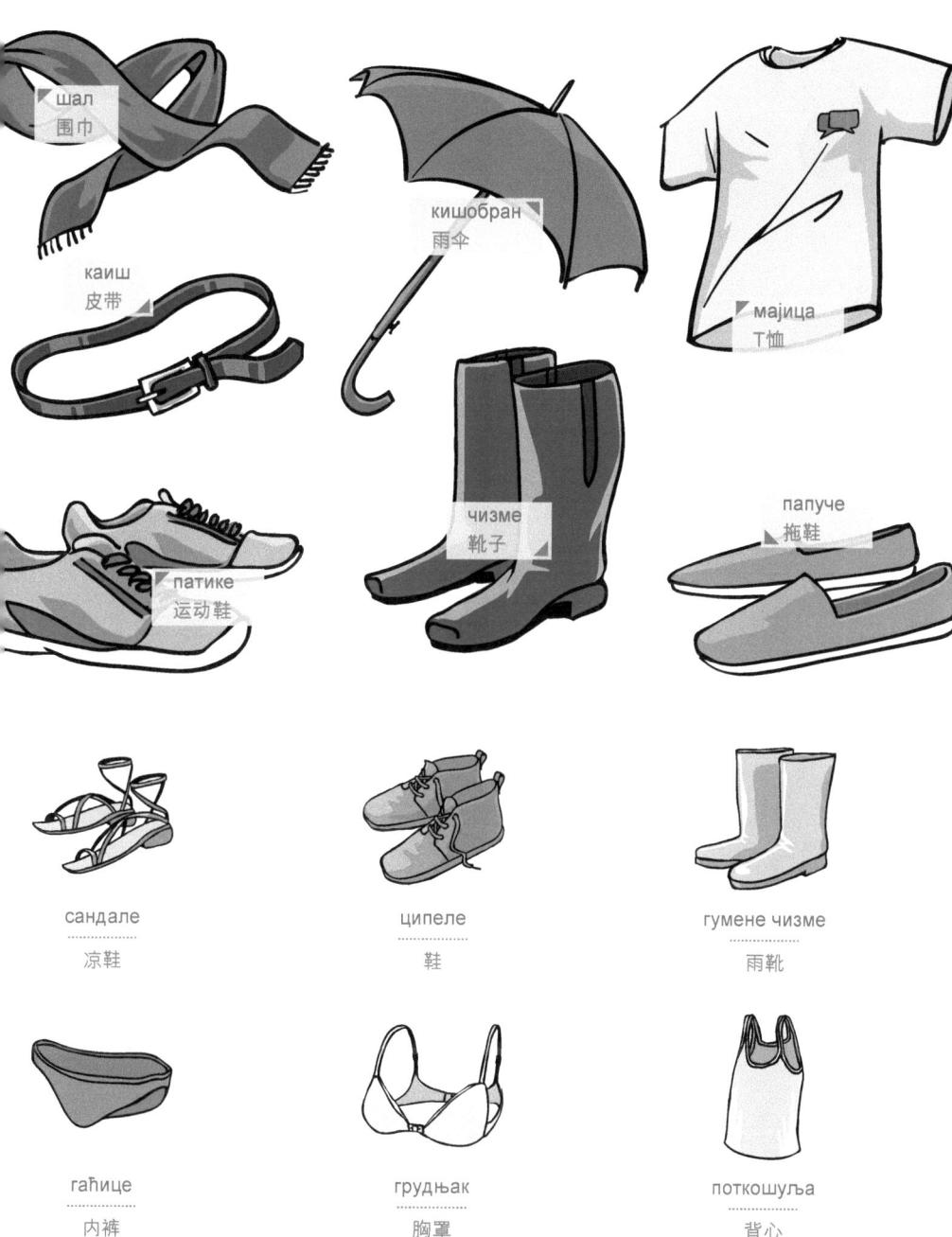

шал 围巾

кишобран 雨伞

каиш 皮带

мајица T恤

чизме 靴子

папуче 拖鞋

патике 运动鞋

сандале
凉鞋

ципеле
鞋

гумене чизме
雨靴

гаћице
内裤

грудњак
胸罩

поткошуља
背心

одећа - 衣服

боди
身体

панталоне
裤子

фармерке
牛仔裤

сукња
短裙

блуза
女式衬衫

кошуља
衬衫

џемпер
套头衫

џемпер с капуљачом
卫衣

сако
西装夹克

јакна
夹克

мантил
外套

кабаница
雨衣

костим
套装

хаљина
连衣裙

венчаница
婚纱

одело

西装

спаваћица

睡袍

пиџама

睡衣

сари

莎丽

марама за главу

头巾

турбан

包头巾

бурка

波卡

кафтан

卡夫坦

абаја

(阿拉伯式)长袍长袍

купаћи костим

泳衣

купаће гаћице

男式泳裤

кратке панталоне

短裤

одећа за тренинг

运动服

кецеља

围裙

рукавице

手套

дугме

纽扣

наочаре

眼镜

наруквица

手链

огрлица

项链

прстен

戒指

наушница

耳环

капа

便帽

вешалица

衣架

шешир

帽子

кравата

领带

патент затварач

拉链

кацига

头盔

нараменице

背带

школска униформа

校服

униформа

制服

подбрадак

围兜

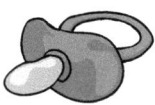

дуда

安抚奶嘴

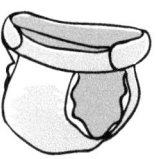

пелена

尿不湿

канцеларија
办公室

сервер
服务器

ормар за списе
文件柜

штампач
打印机

монитор
显示屏

папир
纸

миш
鼠标

писаћи стол
办公桌

мапа
文件夹

тастатура
键盘

кошара за папир
废纸筐

столица
椅子

компјутер
电脑

шалица за каву

咖啡杯

калкулатор

计算器

интернет

因特网

лаптоп

笔记本电脑

писмо

信件

порука

消息

мобилни телефон

手机

мрежа

网络

уређај за копирање

复印机

софтвер

软件

телефон

电话

утичница

插座

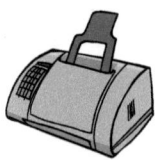

факс

传真机

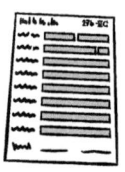

формулар

表格

документ

文件

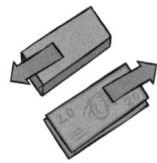

куповати
买

платити
付钱

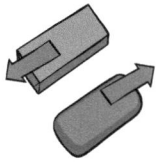

трговати
交易

новац
现金

долар
美元

евро
欧元

јен
日元

рубља
卢布

швајцарски франак
瑞士法郎

ренминдби јуан
人民币

рупија
卢比

аутомат за новац
提款处

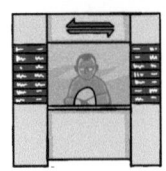

мењачница

外币兑换处

злато

金

сребро

银

нафта

石油

енергија

能源

цена

价格

уговор

合同

порез

税金

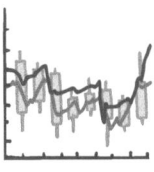

деонице

股票

радити

工作

службеник

职员

послодавац

老板

фабрика

工厂

продавница

商店

занимања
职业

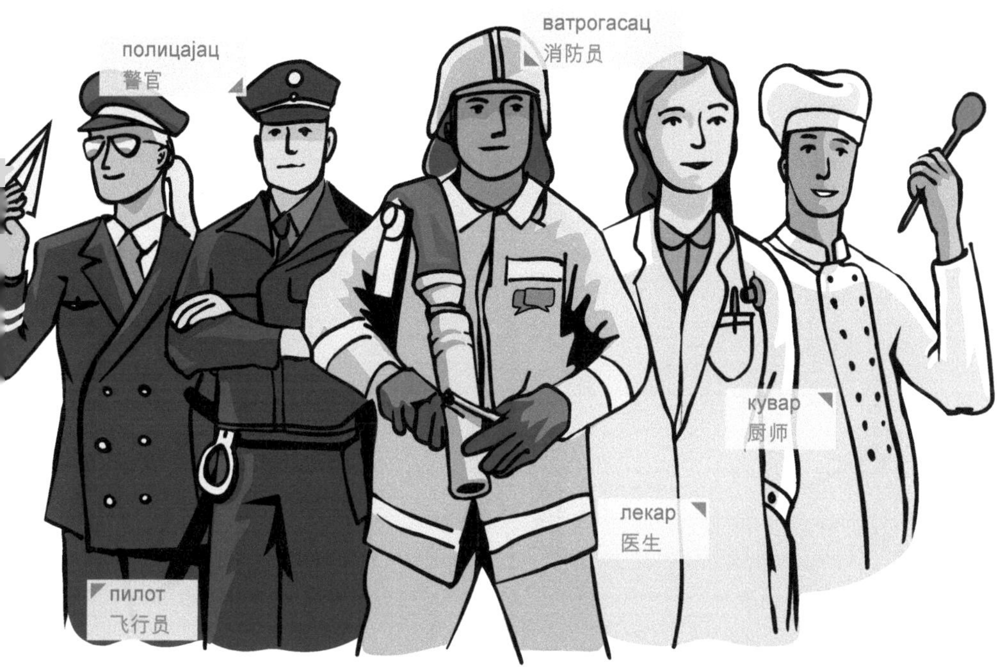
полицајац
警官
ватрогасац
消防员
кувар
厨师
лекар
医生
пилот
飞行员

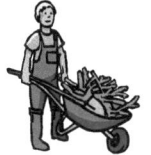

вртлар

园丁

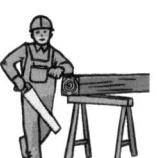

столар

木匠

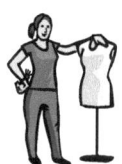

кројачица

裁缝

судија

法官

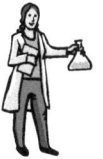

хемичар

化学家

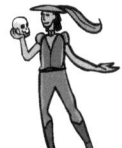

глумац

演员

возач аутобуса

公交车司机

возач таксија

出租车司机

рибар

渔夫

чистачица

清洁女工

кровопокривач

屋顶工

конобар

服务员

ловац

猎人

сликар

画家

пекар

面包师

електричар

电工

грађевински радник

建筑工人

инжењер

工程师

месар

屠夫

лимар

水管工

поштар

邮递员

војник

士兵

архитекта

建筑师

благајник

收银员

цвећар

花农

фризер

理发师

кондуктер

售票员

механичар

机械师

капетан

船长

зубар

牙医

научник

科学家

раби

拉比

имам

伊玛目

монах

和尚

свећеник

牧师

алати
工具

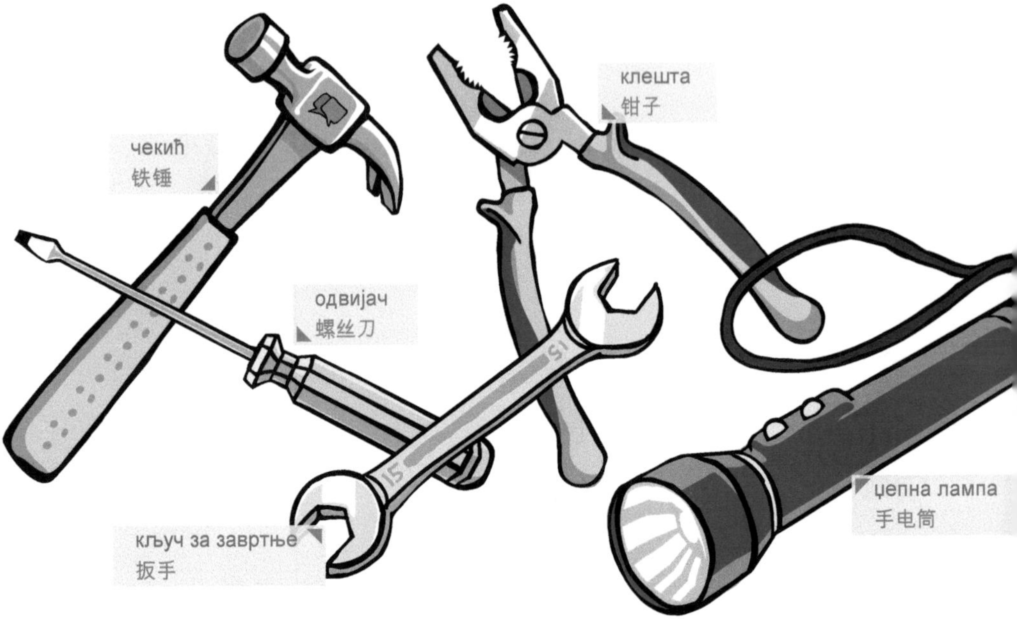
клешта
钳子
чекић
铁锤
одвијач
螺丝刀
ћепна лампа
手电筒
кључ за завртње
扳手

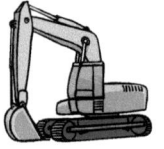

багер
挖掘机

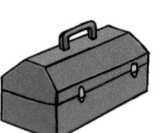

кутија за алат
工具箱

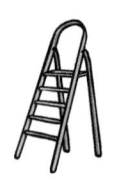

мердевине
梯子

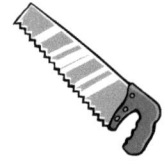

пила
锯子

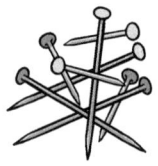

ексер
钉子

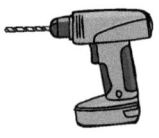

бушилица
钻机

поправити

修

лопата

铲子

до ђавола!

靠！

лопатица

簸箕

лонац за бoju

油漆桶

завртањи

螺丝

музички инструмент
乐器

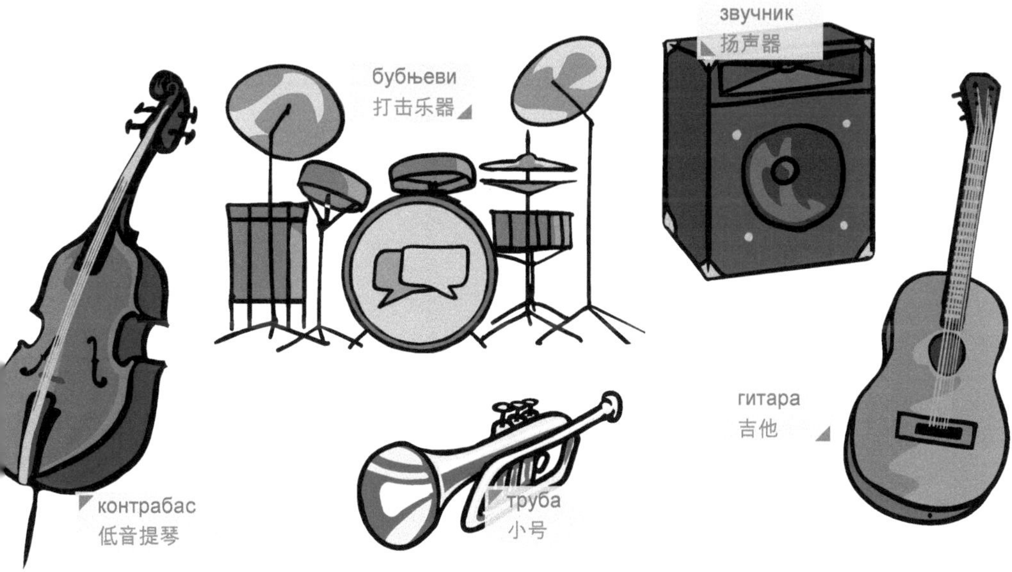

звучник
扬声器

бубњеви
打击乐器 ◢

гитара
吉他 ◢

◢ контрабас
低音提琴

труба
小号

клавир

钢琴

виолина

小提琴

бас

贝斯

тимпани

定音鼓

удараљке за бубњеве

鼓

типке клавира

电子琴

саксофон

萨克斯管

флаута

长笛

микрофон

麦克风

зоолошки врт

动物园

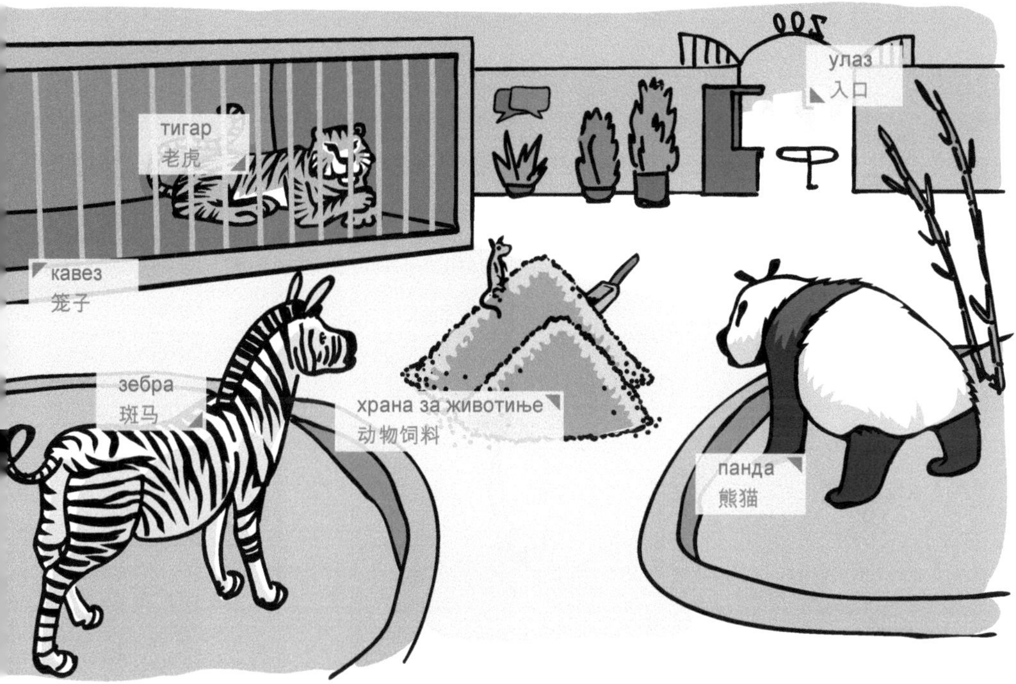

тигар
老虎
улаз
入口
кавез
笼子
зебра
斑马
храна за животиње
动物饲料
панда
熊猫

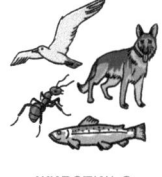

животиње

动物

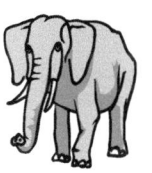

слон

大象

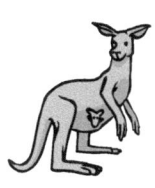

кенгур

袋鼠

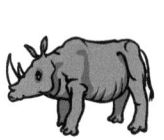

носорог

犀牛

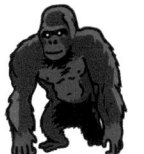

горила

大猩猩

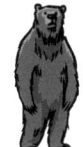

медвед

熊

камила

骆驼

нોj

鸵鸟

лав

狮子

мајмун

猴子

фламинго

火烈鸟

папагај

鹦鹉

поларни медвед

北极熊

пингвин

企鹅

ајкула

鲨鱼

паун

孔雀

змија

蛇

крокодил

鳄鱼

чувар у зоолошком врту

动物园管理员

туљан

海豹

јагуар

美洲豹

пони

矮种马

леопард

豹

нилски коњ

河马

жирафа

长颈鹿

орао

老鹰

дивља свиња

野猪

риба

鱼

корњача

龟

морж

海象

лисица

狐狸

газела

羚羊

амерички ногомет
橄榄球

бициклизам
骑自行车

тенис
网球

кошарка
篮球

пливање
游泳

бокс
拳击

хокеј на леду
冰球

фудбал

英式足球

бадминтон

羽毛球

атлетика

田径

рукомет

手球

скијање

滑雪

поло

马球

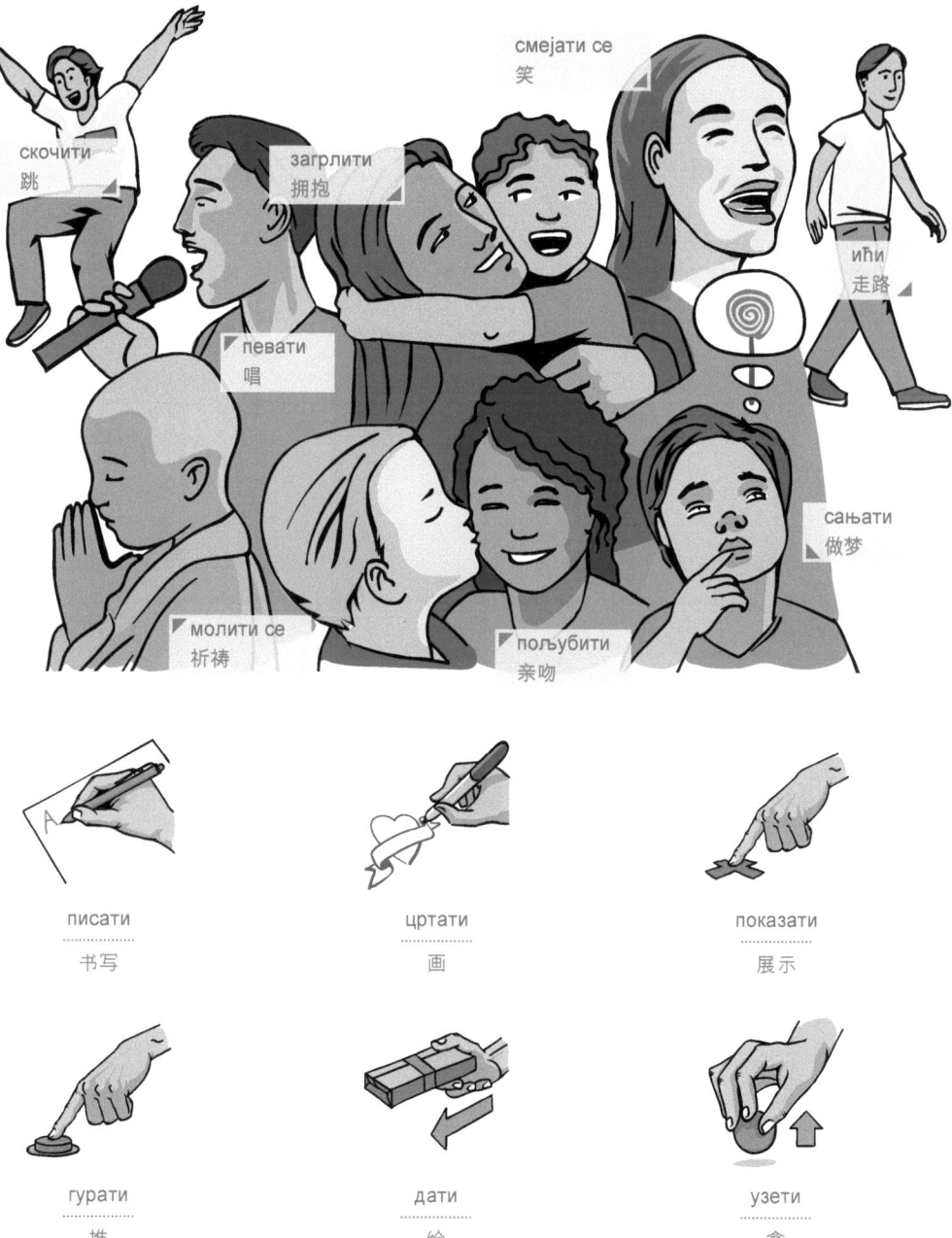

смејати се
笑

скочити
跳

загралити
拥抱

ићи
走路

певати
唱

санати
做梦

молити се
祈祷

пољубити
亲吻

писати	цртати	показати
书写	画	展示

гурати	дати	узети
推	给	拿

имати

有

чинити

做

бити

当

стојати

站

трчати

跑

повлачити

拉

бацити

扔

падати

摔倒

лежати

躺

чекати

等待

носити

携带

седити

坐

облачити

穿衣

спавати

睡觉

пробудити се

醒来

гледати

看

плакати

哭

миловати

抚摸

чешљати

梳头

говорити

交谈

разумети

明白

питати

问

слушати

听

пити

喝

јести

吃

поспремити

清理

волети

爱

кухати

做饭

возити

开车

летети

飞

пловити

航行

рачунати

计算

читати

读

учити

学习

радити

工作

венчати се

结婚

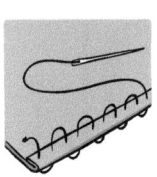

шити

缝

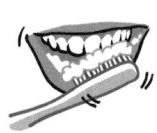

прати зубе

刷牙

убити

杀

пушити

抽烟

послати

寄

породица

家

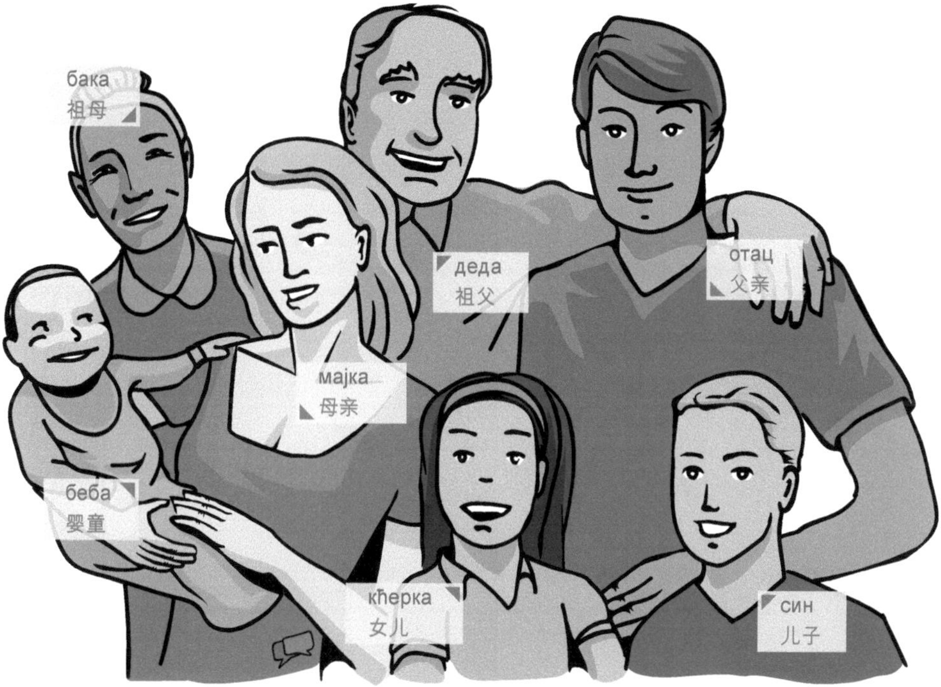
бака
祖母
деда
祖父
отац
父亲
мајка
母亲
беба
婴童
кћерка
女儿
син
儿子

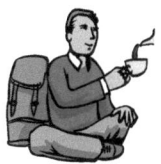

гост
客人

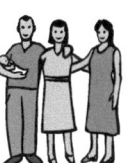

тетка
阿姨

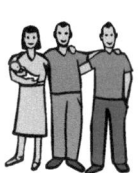

ујак, стриц
叔叔

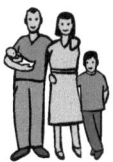

брат
兄弟

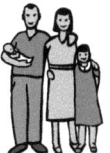

сестра
姐妹

тело
身体

чело
前额
око
眼睛
раме
肩膀
прст
手指
лице
脸
брада
下巴
рука
手
нога
腿
груди
乳房
рука
手臂

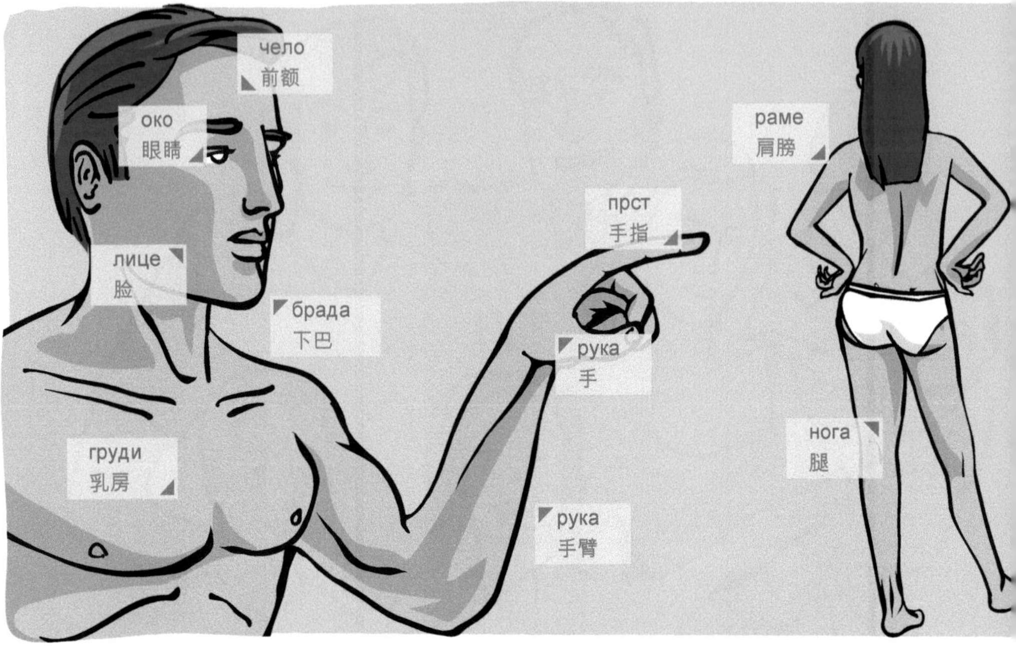

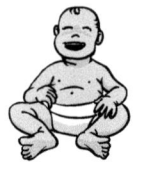

беба
婴童

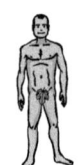

мушкарац
男人

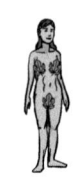

жена
女人

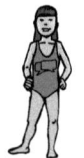

девојчица
女孩

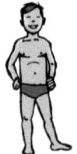

дечак
男孩

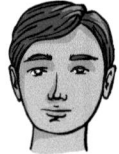

глава
头

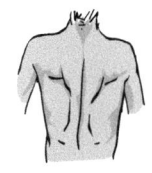

леђа
背部

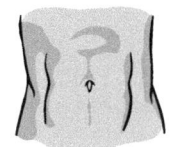

стомак
肚子

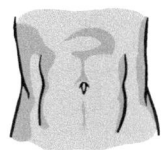

пупак
肚脐

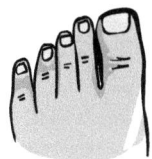

ножни прст
脚趾

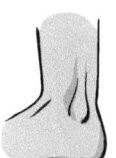

пета
脚后跟

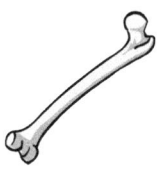

кост
骨头

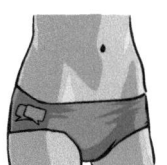

кукови
臀部

колено
膝盖

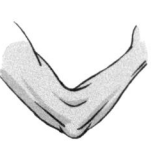

лакат
手肘

нос
鼻子

задњица
屁股

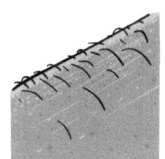

кожа
皮肤

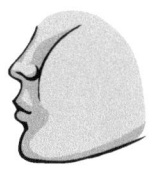

образ
脸颊

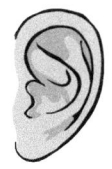

уво
耳朵

усна
嘴唇

уста

嘴

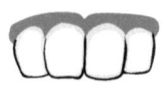

зуб

牙齿

језик

舌头

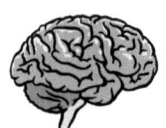

мозак

脑

срце

心脏

мишић

肌肉

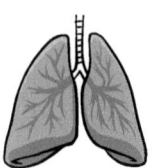

плућа

肺

јетра

肝脏

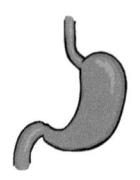

желудац

胃

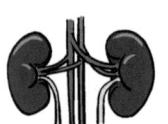

бубрези

肾脏

полни однос

性交

кондом

避孕套

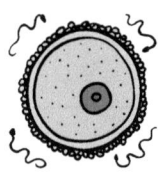

јајна ћелија

卵子

сперма

精子

трудноћа

怀孕

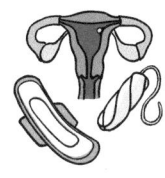

менструација

月经

вагина

阴道

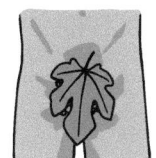

пенис

阴茎

обрва

眉毛

коса

头发

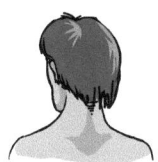

врат

脖子

тело - 身体

болница
医院

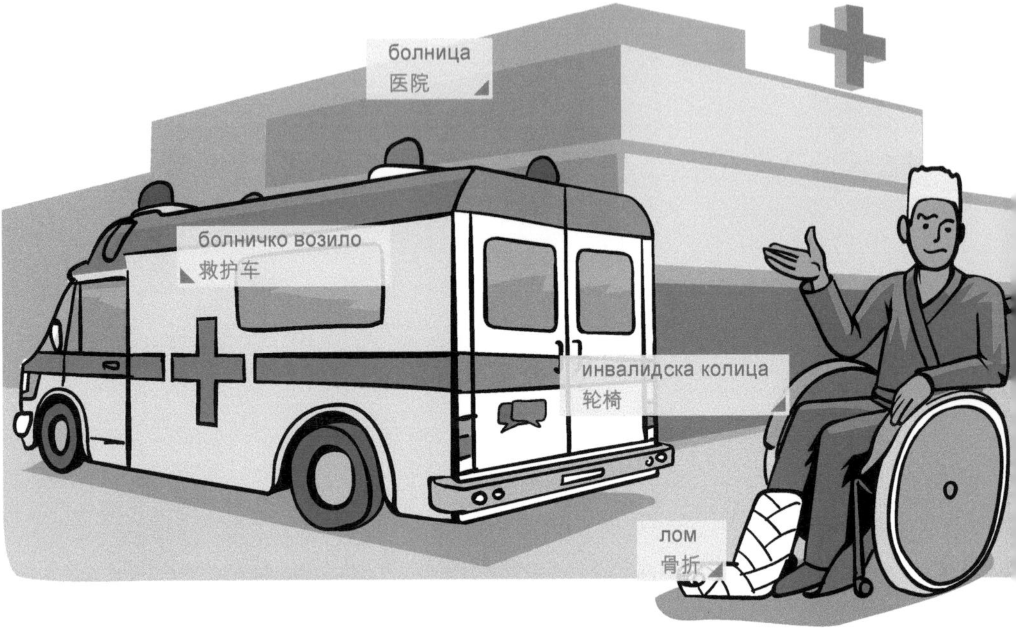

болница
医院
болничко возило
救护车
инвалидска колица
轮椅
лом
骨折

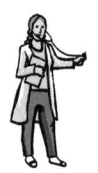

лекар

医生

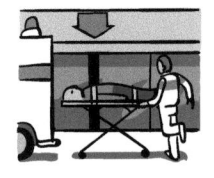

хитна медицинска служба

急诊室

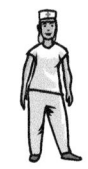

медицинска сестра

护士

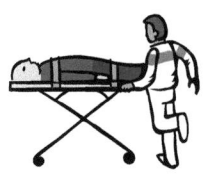

хитни случај

紧急情况

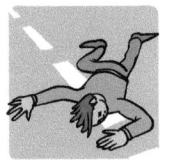

несвест

昏迷

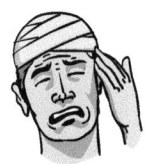

бол

痛

повреда

受伤

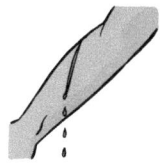

крварење

出血

срчани удар

心脏病发作

удар

中风

алергија

过敏

кашаљ

咳嗽

грозница

发烧

грипа

流感

пролив

腹泻

главобоља

头痛

рак

癌症

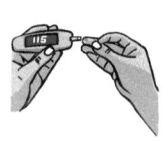

дијабетес

糖尿病

хирург

外科医生

скалпел

手术刀

операција

手术

цт

CT

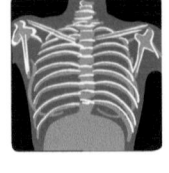

рентген

X光

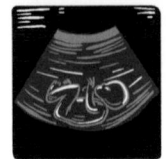

ултразвук

超声波

маска

口罩

болест

疾病

чекаона

候诊室

штака

拐杖

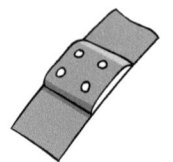

фластер

石膏

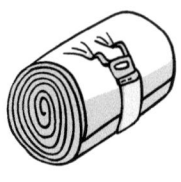

завој

绷带

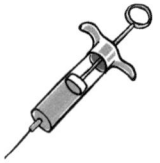

ињекција

注射

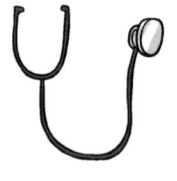

стетоскоп

听诊器

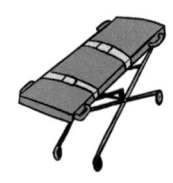

носила

担架

термометар

体温计

рођење

出生

прекомерна тежина

超重

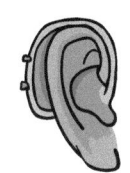

слушни апарат

助听器

средство за дезинфекцију

消毒液

инфекција

感染

вирус

病毒

хив / аидс

艾滋病

медицина

药物

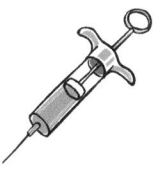

вакцинација

接种疫苗

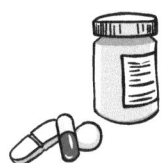

таблете

药片

пилула

药丸

хитни позив

急救电话

уређај за мерење
притиска

血压计

болесно / здраво

生病/健康

помоћ!

救命！

аларм

警报

насртај

突击

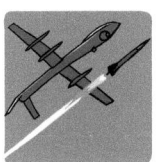

напад

攻击

опасност

危险

излаз у случају нужде

紧急出口

пожар!

着火啦！

противпожарни апарат

灭火器

незгоца

意外

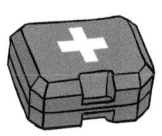

кутија прве помоћи

急救箱

сос

呼救信号

полиција

警察

Европа

欧洲

Северна Америка

北美洲

Јужна Америка

南美洲

Африка

非洲

Азија

亚洲

Аустралија

澳洲

Атлантик

大西洋

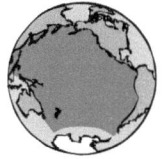

Пацифик

太平洋

Индијски океан

印度洋

Антарктички океан

南冰洋

Арктички океан

北冰洋

Северни рол

北极

Јужни рол
南极

Антарктик
南极洲

земља
地球

земља
陆地

море
海

оток
岛

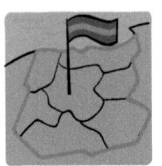

нација
国家

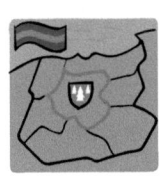

држава
国家

бројчаник сата

钟面

сатна казаљка

时针

минутна казаљка

分针

секундна казаљка

秒针

Колико је сати?

现在几点？

дан

天

време

时间

сада

现在

дигитални сат

电子表

минута

分

час

时

понедељак
周一

среда
周三

петак
周五

MO

W

FR

TU

TH

SA

уторак
周二

субота
周六

SO

четвртак
周四

недеља
周日

jуче	данас	сутра
昨天	今天	明天
jутро	подне	веће
早晨	中午	晚上

радни дани
工作日

викенд
周末

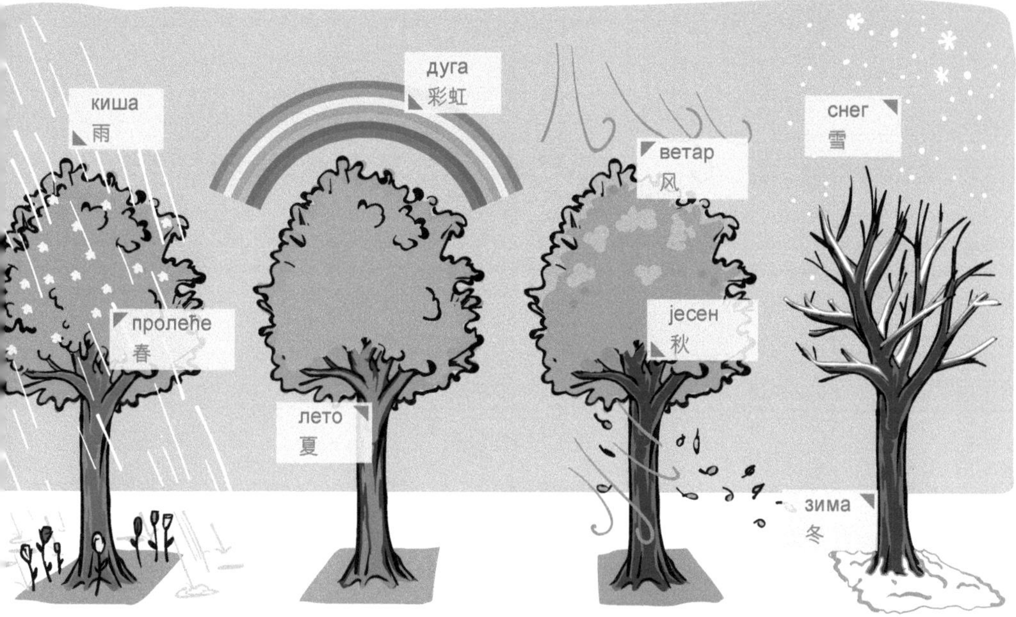

киша
雨

дуга
彩虹

ветар
风

снег
雪

пролеће
春

лето
夏

jесен
秋

зима
冬

метеоролошка прогноза

天气预报

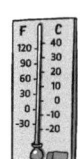

термометар

温度计

сунчана светлост

阳光

облак

云

магла

雾

влажност ваздуха

潮湿

муња

闪电

грмљавина

打雷

олуја

风暴

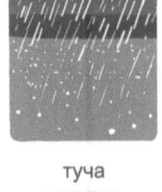

туча

冰雹

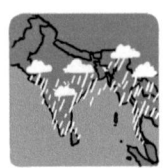

монсун

季风

поплава

洪水

лед

冰

јануар

一月

фебруар

二月

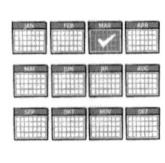

март

三月

април

四月

мај

五月

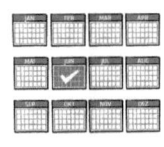

јуни

六月

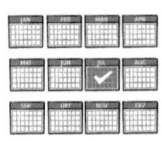

јули

七月

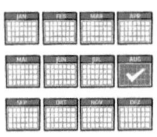

август

八月

82   година - 年

септембар
....
九月

октобар
....
十月

новембар
....
十一月

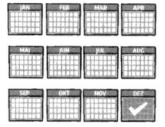

децембар
....
十二月

круг
....
圆形

квадрат
....
正方形

правоугао
....
长方形

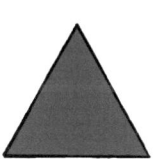

троугао
....
三角形

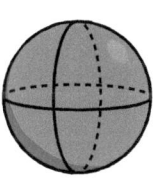

кугла
....
球体

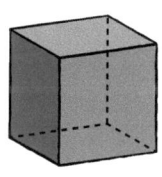

коцка
....
立方体

бела

白

жута

黄

наранџаста

橙

ружичаста

粉

црвена

红

љубичаста

紫

плава

蓝

зелена

绿

смеђа

棕

сива

灰

црна

黑

много / мало

很多/少许

љутито / мирно

生气/平静

лепо / ружно

美/丑

почетак / крај

首/尾

велико / малено

大/小

светло / тамно

明/暗

брат / сестра

兄弟/姐妹

чисто / прљаво

干净/肮脏

потпуно / непотпуно

完整/缺失

дан / ноћ

白天/晚上

мртво / живо

死/生

широко / уско

宽/窄

јестиво / нејестиво

可食用/非食用

зло / добро

邪恶/善良

узбуђено / досадно

兴奋/无聊

дебело / мршаво

胖/瘦

на почетку / на крају

第一/最后

пријатељ / непријатељ

朋友/敌人

пуно / празно

满/空

тврдо / мекано

硬/软

тешко / лагано

重/轻

глад / жеђ

饿/渴

болесно / здраво

生病/健康

илегално / легално

非法/合法

паметно / глупо

聪明/愚笨

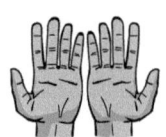

лево / десно

左/右

близу / далеко

近/远

ново / половно

新/旧

ништа / нешто

没有/有些

старо / младо

老/幼

укључено / искључено

开/关

отворено / затворено

打开/合上

тихо / гласно

安静/吵闹

богато / сиромашно

富/穷

тачно / погрешно

对/错

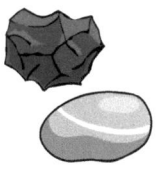

храпаво / глатко

粗糙/光滑

тужно / сретно

伤心/高兴

кратко / дуго

短/长

полако / брзо

慢/快

мокро / сухо

湿/干

топло / хладно

温暖/凉爽

рат / мир

战争/和平

бројеви
数字

0

нула

零

1

један

一

2

два

二

3

три

三

4

четири

四

5

пет

五

6

шест

六

7

седам

七

8

осам

八

9

девет

九

10

десет

十

11

једанаест

十一

12	**13**	**14**
дванаест	тринаест	четрнаест
十二	十三	十四

15	**16**	**17**
петнаест	шестнаест	седамнаест
十五	十六	十七

18	**19**	**20**
осамнаест	деветнаест	двадесет
十八	十九	二十

100	**1.000**	**1.000.000**
стотину	хиљаду	милион
百	千	百万

енглески

英语

амерички енглески

美式英语

мандарински кинески

普通话

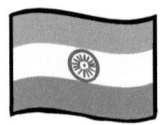

хиндски

印地语

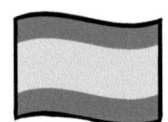

шпански

西班牙语

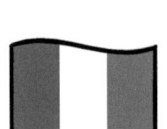

француски

法语

арапски

阿拉伯语

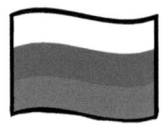

руски

俄语

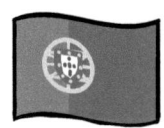

португалски

葡萄牙语

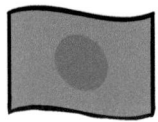

бенгалски

孟加拉语

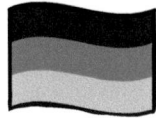

немачки

德语

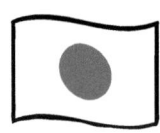

јапански

日语

ja

我

ти

你

он / она / оно

他/她/它

ми

我们

ви

你们

они

他们

Ко?

谁？

Шта?

什么？

Како?

怎样？

Где?

哪里？

Када?

什么时候？

име

名字

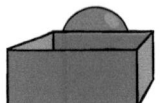

иза

后面

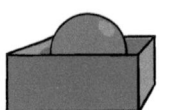

у

里面

испред

前面

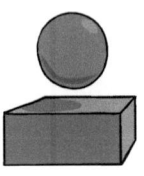

преко

上方

на

上面

испод

下面

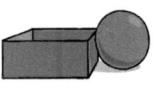

поред

旁边

између

中间

место

地点